Mein Buch vom November

Mein Buch vom

NOVEMBER

von

Liane Dirks

Sanssouci

Novembertag

Nebel hängt wie Rauch ums Haus,
Drängt die Welt nach innen.
Ohne Not geht niemand aus,
Alles fällt in Sinnen.
Leiser wird die Hand, der Mund,
Stiller die Gebärde.
Heimlich, wie auf Meeresgrund
Träumen Mensch und Erde

Christian Morgenstern

Inhalt

Zur
EINSTIMMUNG

Haben Sie als Kind auch davon geträumt, unsichtbar zu sein, von einem auf den nächsten Moment einfach zu verschwinden? Womöglich hatten Sie etwas angestellt, und nur eine Tarnkappe hätte Ihnen noch helfen können? Man setzt sie auf und ist weg, für die anderen jedenfalls. Etwas achtgeben sollte man schon, aufpassen, wo man hintritt, nichts berühren, keinen Lärm machen. Denn wenn man nicht gesehen wird, ist man noch lange nicht allein. »Da war doch etwas«, sagen die anderen und schauen sich irritiert um, doch sie erkennen nichts.

Der Traum, unsichtbar zu sein, entspringt dem Wunsch, das Verborgene zu entdecken, den Ort der Geheimnisse. Der November ist solch ein Ort. Er birgt viele Rätsel, um sie zu schützen, hüllt er sie in Nebel, der so dicht sein kann, dass wir uns nur noch tastend voranbewegen. Wir sprechen sogar von einer »Nebelwand«. Eine Wand, die man nicht anfassen und doch spüren kann. Nebel nimmt die Farben weg, er legt sich auf unsere Haut, er lässt es still werden. Ein Tuch aus Luft und Wasser für die Natur, die in diesem Monat schlafen geht. Auch der Schlaf ist ein Tor zu einer anderen Welt, zum Reich der Träume, der Fantasie. Es ist noch immer unergründet. Doch was im Verborgenen schlummert, das will irgendwann ans Licht.

Unter der Tarnkappe, die sich die Natur im November aufsetzt, sind viele Überraschungen versteckt, und dieses Buch will einige davon preisgeben. Denn sind die Geheimnisse erst entdeckt, dann wollen sie auch geteilt werden. Ober haben Sie schon gewusst, dass der November früher als Jahresbeginn galt?

Vieles lässt sich erklären, manches lässt sich erzählen, doch einiges muss im Verborgenen bleiben, damit sich immer wieder Träumer aufmachen, dorthin, wo das Unmögliche möglich ist, ins Land der Märchen und Geschichten, es ist Nebelland, Novemberland. Gehen Sie mit, man kommt niemals leer zurück, man wird immer reich beschenkt …

DER NOVEMBER –

was für ein Monat!

Der November gilt als still, trüb, dunkel, grau, traurig, einsam. Eigentlich braucht man seinen Namen nur auszusprechen, und sie wird spürbar, die Novemberstimmung, der November-Blues. Die Tonart dieses Monats ist Moll, das Lied wird langsam, ja schleppend gespielt. Wir denken an Friedhof, Tod und Traurigkeit. Richtig. Und doch ist dieser Eindruck nur vordergründig.

Die dreißig Tage, die der November zählt, sind in Wahrheit ganz großes Kino. Und hätten die Monate Menschengestalt, dann wäre der November der beste Erzähler, den es gibt. Denn hier wird eine Geschichte erzählt, die alles bietet, was einen großen Stoff ausmacht. Eine Meistererzählung. Man denke nur einmal an den Anfang! Fratzen, ausgehöhlte und von innen beleuchtete Rüben oder Kürbisse erhellen die Nacht, in der kostümierte Kinder durch die Straßen ziehen und mit »Süßes oder Saures«, *trick or treat*, eine Art Schutzgeld von den Anwohnern fordern. Wo Halloween, die Nacht vom 31. Oktober auf den 1. November, nicht oder noch nicht gefeiert wird, da brannte man früher Stroh- oder Kartoffelfeuer ab. Auch heute gibt es diese Sitte noch, Rauch zieht über die kahlen Felder. »Leg deinen Schatten auf die Sonnenuhren, und auf den Fluren laß die Winde los«, schrieb der Dichter Rainer Maria Rilke in seinem berühmten Herbstgedicht. Welch ein Szenario! Auf den Friedhöfen werden die Kerzen entzündet, es gilt, der Toten zu gedenken. So fangen große Geschichten an, mit dem Ende, sie nehmen es vorweg, der Tod ist das Ende, die Erinnerung ist Leben. Wie Märchenhelden müssen die Menschen durch das Dunkel dieses Monats gehen. Den Weg ertasten, wenn der Nebel kommt, Irrlichter flackern im Moor, die Städte werden unwirtlich, »wer jetzt allein ist, wird es lange bleiben« heißt es an anderer Stelle in Rilkes Versen. Man braucht

Freunde, man muss sie suchen und zusammenrücken, denn es wird kälter. Gänse werden geschlachtet, es gibt Festessen und erneut Umzüge, Sankt Martin auf dem Pferd, der seinen Mantel teilt für einen Bettler. Zugleich tauchen Narren auf, brechen in ekstatische Schreie aus, eröffnen ihre eigene Jahreszeit, schlagen Herbst und Winter ein Schnippchen. Und dann wird es noch finsterer. Totensonntag, Volkstrauertag, ja, es haben Kriege stattgefunden und finden noch immer statt, auch das muss man sich vergegenwärtigen, immer tiefer führt uns dieser Monat in die dunklen Seelenkammern unserer Welt, doch weil er ein Meistererzähler ist, leuchtet schon langsam auf, was jede gute Geschichte ausmacht: das Happy End. Es heißt »Advent«. Und wirklich, wenn der November endet, beginnt eine neue, eine gute, eine ganz große Geschichte. All die Kämpfe, die Finsternis, die Einsamkeit, Verzweiflung und Not, sie haben sich gelohnt. Doch das ändert nichts daran, dass man diese Zeit durchleben muss, nur so kann sich der Held verwandeln. Das ist der Stoff, aus dem Märchen und Mythen sind. Sie wurden erzählt in den Spinnstuben, in denen man früher zusammenkam, wenn die dunkle Jahreszeit anbrach. Der Erzählfaden riss nie ab, die Grenze zwischen Realität und Fantasie war durchlässig, und je karger es draußen war, desto blumiger, desto fantastischer wurde es drinnen. So mancher Geist, so manches Gespenst hat seine Existenz diesem Umstand zu verdanken. Je mehr man die Zeichen der Natur zu lesen versuchte, den fernen Käuzchenruf, das frühe Einfallen der Krähen, der kahle Baum, der einem Fabelwesen gleicht, desto gewaltiger wurde der Stoff.

Weil Geschichten nur groß sind, wenn sie Tiefe haben, gehören Rückzug, Stille und Trauer als Themen dazu. In der Einsamkeit wird schmerzhaft die Leere offenbar. Doch Leere ohne Fülle gibt es nicht. Das ist der Trost des Novembers:

Wahre Fülle kann nur erleben, wer die Leere kennt. Wir brauchen diesen Monat. Es ist der Monat der Weisheit, sie wird einzig durch das Leben geschenkt. Genießen Sie den November, Sie sind mitten drin im Film. Er erzählt die Geschichte unseres Lebens.

Wie der NOVEMBER *zu seinem* NAMEN *kam*

Im Wesentlichen geht unser Kalender auf den von Gaius Julius Cäsar eingeführten und nach ihm benannten julianischen Kalender zurück. Gestützt auf die Berechnungen des griechischen Mathematikers Sosigenes aus Alexandria teilte Cäsar das Jahr in zwölf Monate ein, gab ihm seine 365 Tage und schaffte damit den alten römischen Mondkalender, der höchst ungenau war, endgültig ab. Nicht mehr der Mond regierte über die Zeit, sondern die Sonne. Um Verwirrungen zu vermeiden, ließ der kluge Herrscher allerdings die alten Namen weiterhin gelten, und so kann man noch heute am »November« erkennen, dass er einst, von lateinisch *novem*, der Neunte war in einem Jahr, das nur zehn Monate kannte.

Cäsar war nicht nur ein großer Kriegsherr und geschickter Diplomat, er war auch leidenschaftlicher Astronom und Naturbeobachter. Auszüge aus seiner Schrift über die Sterne, *De astris*, in der er sich auch mit Witterungszeichen der Natur befasste, sind noch erhalten. So wundert es kaum, dass es nur kleine Ungenauigkeiten in seinem Kalender gab. Diese korrigierte Papst Gregor XIII. im sechzehnten Jahrhundert, und bis heute ist der gregorianische Kalender gültig.

Freilich handelte es sich bei der Namensgebung der Monate um Amtssprache. Das Volk hatte noch immer seine eigenen Ansichten. Warum sollte man eine Zeit nach der Ziffer Neun benennen, in der man seine Pacht, lateinisch *merces*, begleichen musste? Die Römer sprachen deshalb wahrscheinlich sehr viel mehr vom *mercedonius*, wenn es um den November ging. Und wie soll man sich nach dem Lauf der Erde um die Sonne richten, wenn diese sich nebelverhangen die ganze Zeit versteckt? Da nennt man ihn doch lieber gleich beim Namen: »Nebelmonat«, altdeutsch *Nebelung*. Und wer so richtig Wut auf dieses Wetter hatte, der nannte den November sogar »Kotmonat«.

Karl der Große hat es sanfter formuliert, seinem Wunsch zufolge sprach man vom »Windmonat«, altdeutsch *Windmond*. Der Begriff erklärt sich von selbst, ebenso der »Totenmonat«. Dem Menschen zuträglichere Aspekte lassen sich in den Bezeichnungen »Schlacht«- oder »Jagdmonat« ablesen. Der späte Herbst ist traditionell die Schlachtzeit, und die war immer schon verbunden mit einem Fest. War die Ernte schlecht, und waren die Zeiten mager, dann saß man im Monat »Hartung« beisammen und lauschte dem Jaulen der Wölfe in der Nacht. Als »Wolfsmonat« bezeichnete man nicht nur den November, sondern auch Januar und Februar.

Kann ein Mensch so viel Düsternis ertragen? Nein. Er kann es nicht, er will es nicht, er soll es nicht. Der November ist der elfte Monat im Jahr, und die Elf ist die Zahl der Narren: eine

»Schnapszahl«. Im Christentum ist die Elf die Zahl der Sünde. Doch ausgerechnet am Fest des heiligen Martin hat man sich schon immer sehr ausgelassen gegeben. Bereits im neunzehnten Jahrhundert begann deshalb die närrische Saison am 11.11. um 11 Uhr 11. Seitdem blitzt der »Narrenmonat« durch das trübe Grau des Novembers.

Alle WETTER!

Manchmal währt der goldene Oktober bis in den November, nennt sich dann jedoch »Allerheiligen-Ruhe«. Prächtige Sonnenuntergänge, sternklare Nächte, doch am Morgen weiß man, dass es November ist. Nebelschwaden ziehen über die Erde, liegen schwer und undurchdringlich auf den Äckern. Gespenstisch kann es wirken, wenn die Konturen der Landschaft darin verschwinden. Dabei ist Nebel nichts weiter als eine Wolke, die zu tief hängt! Aus vielen kleinen Wassertröpfchen setzt sie sich zusammen, bei Eisnebel aus Eiskristallen. Nebel entsteht in abgekühlter Luft, und für die sorgt über Nacht der klare Himmel. Die Erde kühlt aus, gibt Feuchtigkeit ab, diese kondensiert, und so bilden sich die vielen kleinen Nebeltröpfchen, die die »Wolke« formen. Je kälter es ist, desto mehr Feuchtigkeit bedarf es, damit Nebel entsteht. Legt sich tagsüber eine wärmere Schicht über die kühle Luft am Boden, dann kommt es zu jener grauen und trüben Wetterlage, in der wir dem »November-Blues« verfallen und die sich tagelang halten kann. Der Grund: Zwischen den einzelnen Luftschichten kommt es zu keinem vertikalen Austausch mehr, auch die Kraft der Sonne versagt, es bleibt kalt am Boden und darüber grau und feucht. Der Rauch der Schornsteine wird zurück auf die Erde gedrückt. Da hilft allein der Wind, der die ganze Sache auflöst und anderes Wetter bringt. Doch das ist nur eines der Novemberwetter-Szenarien. Ein anderes ist der »Martinssommer« – ein »Regelfall der Witterung«, wie es in der Meteorologen-Fachsprache heißt –, und der tritt tatsächlich immer häufiger auf. Ab dem 11. November, Sankt Martin, liegt dann eine ausgeprägte Hochdruckzone über Mitteleuropa, die schönes, für die Jahreszeit viel zu mildes, sogar sommerliches Wetter mit sich bringt.

Der Legende nach ereignete sich dieses Wetterphänomen zum ersten Mal beim Tod des heiligen Martin in der französischen Stadt Tours. Als man seinen Leichnam auf der Loire in die Stadt transportierte, erblühten ringsumher die Obstbäume, die Wiesen wurden wieder grün, die Sonne schien: »Martinssommer«.

So sehr der plötzliche Wärmeeinbruch unser Gemüt erhellen mag, für die Landwirtschaft ist er ein großes Problem. Die Wintersaat wächst zu schnell, kriegt keine Chance zur Abhärtung. Folgt dann ein schneller Kälteeinbruch, kommt es zu Frostschäden. »Auf Martini Sonnenschein, tritt ein kalter Winter ein«, prognostiziert eine alte Bauernregel. Verlass ist auf die alten Regeln nicht mehr, auf den November schon, denn auch ein Martinssommer endet, die Tage werden kürzer, und irgendwann wird es in diesem Monat unausweichlich grau. Aus Biergartenwetter wird Glühweinwetter.

DIE NATUR

im November

Erstaunlich üppig ist die Natur noch zu Beginn des Monats, mit aller Kraft halten die Bäume ihr Laub fest, manche, zum Beispiel die Rotbuche, werden überhaupt jetzt erst grün. Ihr sonst mahagonifarbenes Blattwerk täuscht lichten Frühling vor, wenn es langsam, immer blasser und heller werdend, sich verabschiedet. Eine Art umgedrehtes Welken kann man hier erleben; während es ringsum golden wird, wählen rotlaubige Bäume ein zartes Hellgrün, um Adieu zu sagen. Die dicken roten Beerendolden der Eberesche locken die Vögel an, Wildrosenhecken sind von Hagebutten überdeckt. Die kleinen orangeroten Früchte der *Rosa canina*, so ihr botanischer Name, sind die Vitamin-C-Bonbons der Natur. Als Kinder haben wir ihre haarig verpackten Kerne, bei denen es sich in Wahrheit um winzige Nüsse handelt, als Juckpulver verwendet. Etwas mühsam ist es schon, die Samen der fleischigen kleinen Frucht zu entfernen, doch es lohnt sich, und das nicht nur zum Spaß. Ein Mus oder Marmelade aus den Früchten ist köstlich, sie bergen wie viele andere Wildfrüchte neben Vitaminen auch jene Mineralstoffe, die der Körper jetzt benötigt. Aus den getrockneten Schalen wird Tee hergestellt, der den Winter über die Gesundheit stärkt. Ob Hagebutte, Weißdorn, Schlehe, Bucheckern, Nüsse oder Maronen, was die Natur zu geben hat, verpackt sie jetzt als Konzentrat. Klein, geballt, oft gut geschützt in harter Schale und zwischen Dornenzweigen versteckt finden sich die Lebenselixiere im November.

Es ist der Monat der Reduktion und der Vereinfachung. Er legt Strukturen frei. Spätestens, wenn der erste große Sturm kommt, müssen Bäume und Büsche ihre Blätter preisgeben. Riesige Laubhaufen türmen sich an Wegrändern und auf Bürgersteigen. Die Äcker sind schon lange kahl, das Braun dominiert. Wie schmutzig weiße Fel-

sen türmen sich Berge aus Zuckerrüben auf ihnen, die auf den Abtransport in die Fabriken warten – auch Zucker wird durch Reduktion gewonnen. Und ebenso Schönheit! Wie es den Rausch der Fülle gibt, so gibt es auch die Faszination des Abstrakten. Ein einzelner Apfel im kahlen Geäst, die hauchdünnen Adern eines welkenden Ahornblatts, die bizarren Formen vertrockneter Samenkapseln. Wie die Haut von Elefanten sieht nasse Kastanienrinde aus. Wie Elefanten stehen sie auch da, diese gewaltigen Bäume, unter denen man das Jahr über so prächtig sitzen und feiern konnte. Stumme Riesen: grau und nackt, manchmal eingehüllt in Nebel. Ein Hauch von Purpur schimmert auf, wenn die Mittagssonne durchdringt.

Purpur, Weiß und Silber, das sind die Farben des Geistes. Sie sind kalt und schön in einem und erzeugen jene Stimmung, der man tagelang anheimfallen kann: die Melancholie, das Empfinden der eigenen Endlichkeit in der dennoch unendlichen, großen Welt. Fühlten wir uns im Oktober noch als Teil der Natur, waren mittendrin im Geschehen, so braucht uns dieser Monat nicht, wir werden deutlich zum Betrachter. Die Natur lässt uns allein zurück. Sie verschließt sich. Etwas unbeholfen und einsam stehen wir da während dieser großen Verwandlung, die sich nicht mehr äußerlich sichtbar, sondern inwendig vollzieht. Unseren Weg hindurch müssen wir nun ebenfalls alleine suchen. Als Geleit lässt uns der November eine kleine Blume da, mit ihren Samenkapseln leuchtet sie in den Gärten beharrlich weiter, November-Trost, die Lampionblume.

BLUME DES MONATS:

Die Lampionblume

Wie die Laternen der Martinszüge treten die Lampionblumen, lateinisch *Physalis*, gern zahlreich auf. Einmal in den Garten gepflanzt, vermehrt sich die zur Familie der Nachtschattengewächse gehörende Staude schnell. Mit ihren kleinen weißen Blüten versteckt sie sich im Frühjahr eher, doch im Herbst zeigt die »Blasenkirsche«, so ihr botanischer Name, dann stolz ihre vielen orangefarbenen kleinen Laternen her. Am starken Stiel mit dunkelgrünem Blattwerk leuchten sie fröhlich bis weit in den Winter hinein und das auch in Winkeln, in denen man sie gar nicht vermutet hat.

Die in Europa beheimatete *Physalis alkekengi* ist bereits von dem griechischen Arzt und Pharmakologen Dioskurides beschrieben worden. Aus den fernen Anden kam ihre Schwester zu uns, die »Andenbeere« oder *Physalis peruviana*. Dort schätzten schon die Inkas ihre tomatenartigen

Früchte. Heute weiß man, dass sie reich an Kalzium, Eisen, Vitamin A und C sind. Portugiesische Seefahrer brachten die Pflanze vor über zweihundert Jahren an das Kap der Guten Hoffnung. Sie aßen die Beeren, um dem gefürchteten Skorbut vorzubeugen, der aus Vitamin-C-Mangel entsteht. »Kapstachelbeere« wird die Physalis seitdem auch genannt. Und von dort, von Südafrika aus, wo sie bis heute kultiviert wird, fand sie ihren Weg nach Europa und in den Rest der Welt. In Japan pflanzen Mönche die Staude, um den Schutzgöttern mit den Lampions den Weg auszuleuchten. In anderen Regionen verspricht die Physalis reichen Kindersegen, wenn die Braut einen Zweig in der Hochzeitsnacht auf dem Kopfkissen findet. Bei uns ist sie inzwischen in den Obstregalen gelandet. Die kleinen Früchte, die sich in den papierartigen Lampions verstecken, zieren nicht nur Buffets, auch köstliche Desserts lassen sich mit ihnen kreieren. Getrocknet kann man sie wie Rosinen verzehren, es lässt sich Marmelade aus ihnen herstellen, sie sind ein köstlicher Tortenbelag. Außerdem haben Physalis-Früchte blutreinigende und harntreibende Wirkung.

Die Früchte unserer heimischen Art schmecken nicht sonderlich, die Lampionblume ist eher fürs Gemüt bestimmt: Sie macht im grauen November fröhlich. Ihre feurig roten Lampions lassen sich in Kränze binden, auf Schnüre ziehen oder anstelle von Kerzen in das Adventsgebinde stecken. Und wem das nicht reicht, der kauft sich die »Andenbeeren«, taucht sie in heiße Schokolade, lässt sie auskühlen, und fertig ist das November-Praliné: Braun wie die Erde, mit gehaltvollem, fruchtigem Kern.

HEILPFLANZE DES MONATS:

Der Wacholder

Vor dem Holunder sollst du dich verneigen, vor dem Wacholder deine Knie beugen«, heißt es im Volksmund. Nicht zu unrecht, Wacholder, bekannt auch als »Machandelbaum« oder »Kranewitt«, gilt seit alters her als eine der bedeutendsten Heilpflanzen und zugleich als magischer Baum. In Märchen und Mythen wird von ihm erzählt; auf Friedhöfen gepflanzt, soll der »Weckholder«, wie er im Althochdeutschen heißt, die Wache halten und vor bösen Geistern und Dämonen schützen. Der Rauch abgebrannter Zweige vertrieb Belzebub und Hexen, und womöglich »vertrieben« die Beeren auch noch anderes, das geheim bleiben sollte. Der lateinische Name *Juniperus* setzt sich zusammen aus *juvenis*, was »Junge« oder »Mädchen« meint, und *parere*, »gebären«. Die abtreibende Wirkung des Wacholders mag bei der Namensgebung Pate gestanden haben, doch an vorderster Stelle stehen seine Heilwirkungen. Wacholder ist eine Art Hausapotheke, weshalb er früher auch in fast jedem Garten stand.

Erste schriftliche Hinweise auf *Juniperus* communis, so sein vollständiger botanischer Name, finden sich bereits auf ägyptischen Papyrusrollen. Der griechische Arzt Hippokrates empfahl Brei aus Wacholderbeeren als Wundauflage und gegen Hautekzeme, die Germanen verehrten den »Lebensbaum« schlechthin, im Mittelalter verbrannte man das Holz, die antiseptische Wirkung des Rauchs diente als Mittel gegen die Pest und andere Seuchen. Ein echter »Medizinbaum« also, von dem man alle Pflanzenteile zu Heilzwecken benutzen kann. Weshalb er heute unter Naturschutz steht. Die intensive Sammlung von Wacholderholz zum Räuchern hat den langsam wachsenden Baum selten gemacht. Der aromatisch, würzig duftende Rauch wirkt auch auf das Gemüt, und zwar entspannend, dasselbe bewirkt ein Bad. Pfarrer Kneipp empfahl

eine Wacholderbeeren-Kur bei Magenbeschwerden. Streng genommen handelt es sich bei den Beeren um kleine Zapfen, die im Laufe von drei Jahren heranreifen. Blauschwarz sind sie, wenn sie geerntet werden, und sie sind auch das Einzige, was man dem Baum in der freien Natur noch nehmen darf. Als Gewürz gibt man sie zu Sauerkraut und saftigem Rehbraten oder Hirschragout, was die Speisen zugleich bekömmlicher macht. Nach einem zu reichhaltigen Essen oder bei Sodbrennen genügt es, eine Beere zu kauen, um Abhilfe zu schaffen.

Gegen Gicht, Rheuma und Stoffwechselstörungen wirken sie ebenfalls. Vorsicht ist bei Nierenleiden geboten, Schwangere sollten Wacholder unbedingt meiden. Auch in seiner »veredelten« Form, als Gin, Genever oder Wacholderschnaps.

Gespenstisch schön steht der säulenartige Baum in der nebeligen Heidelandschaft, fremd und unzugänglich. Wacholder können viele hundert Jahre alt werden, ob solche Bäume weise sind, darüber können Sie in einem Bad nachdenken.

Und so wird es gemacht: Von einem Exemplar, das im eigenen Garten oder bei Freunden wächst, nimmt man Zweige, zerkleinert sie und kocht sie zwanzig Minuten aus. Den Sud lässt man einen halben Tag ziehen, seiht ihn ab und gibt ihn direkt ins warme Badewasser. Bei Gelenkschmerzen, einer aufziehenden Erkältung und bei Novembertraurigkeit ist dieses Bad eine Wohltat. Hüllen Sie sich anschließend in eine warme Decke und versuchen Sie zu schlafen. Wenn Ihnen der Machandelbaum im Traum erscheint, gehen Wünsche in Erfüllung.

Im GARTEN *und auf* BALKONIEN

Das große Aufräumen setzt jetzt ein, und oft weiß man gar nicht wohin, zum Beispiel mit dem vielen Laub. Der Rasen muss tatsächlich frei geharkt werden, es ist ein Irrtum, anzunehmen, dass Laub die Grasnarbe im Winter schützt. Hier wird der Rechen zum wichtigsten Werkzeug. Bevor es richtig kalt wird, darf noch einmal gedüngt werden. Das Gras verwurzelt sich dann in der Breite und schließt Lücken, die sich im Sommer durch Trockenheit gebildet haben. Und all die vielen abgeharkten Blätter? Wenn sie von gesunden Bäumen stammen, dann sind sie eine hervorragende Mulchschicht, um Rosen, Stauden, Gräser und alle freien Flächen in den Beeten zu schützen. Hat der Wind Ihnen das dunkle Laub in einen Winkel des Balkons getrieben? Geben Sie es nicht in die Mülltonne, decken Sie Ihre Balkonkästen damit ab, feuchten Sie es gegebenenfalls zu diesem Zweck an. Selbstverständlich sollten Sie vorher ein paar Blumenzwiebeln in der Erde versteckt haben. Mit Tannenreisig und einer frisch gepflanzten Christrose ist ein Kübel dann nicht nur schön, sondern auch in jeder Hinsicht gut genutzt: Das vermodernde Laub wird zu Dünger für das nächste Jahr.

In den Beeten werden die Stauden zurückgeschnitten. Die feurige Lampionblume lässt man natürlich stehen und auch die zarten Silbertaler, die weißgrauen Samenschoten der Mondviole. Rosen häufelt man an der Wurzel mit Erde an, es ist noch immer Pflanzzeit für die Königin der Blumen. Auch für andere Gehölze ist der November die beste Zeit. Dabei muss die Erde sehr gut aufgelockert werden. Nach der Pflanzung gibt man die schützende Mulchschicht um die Stämme, so geht es in den Winter. Auch Blumenzwiebeln können noch in die Erde, allen voran Tulpen. Wer sie zeitlich versetzt pflanzt, hat in April und Mai länger Freude an ihnen. Tulpen haben gerne etwas Sand

an den »Füßen«, wer sie nach der Blüte im Frühjahr ausheben möchte, der setzt sie jetzt in einer Pflanzschale in die Erde.

Von Terrasse und Balkon werden die leeren Blumentöpfe abgeräumt. Machen Sie sich die Arbeit, reinigen Sie sie jetzt, und nicht erst im Frühjahr. Schädlinge können sich dann weniger einnisten, und wenn Sie wieder Stiefmütterchen pflanzen wollen, haben Sie mehr davon.

Für Obstbäume ist jetzt Pflanzzeit, die Stützpfähle schlägt man zuerst ein, daneben das Bäumchen. Es wird mit einem Tau in einer lockeren Achterschleife am Pfahl festgebunden.

In den Gemüsebeeten wird nun geerntet, was noch zu ernten ist; lediglich Porree, Grün- und Rosenkohl dürfen weiterwachsen. Etwas verloren ragen sie aus der braunen Erde. Der Garten legt seine Strukturen frei. Einige vereinzelte Schönheiten werden noch blühen. Eine letzte Rose, die Herbstanemonen, vielleicht senkt noch eine Sonnenblume ihr müdes kernschweres Haupt, und ein paar zerzauselte Jungfern im Grünen wiegen ihre beigebraunen Fruchtstände im Wind. Am Liebesperlenstrauch blitzen lila Beeren auf, die gedrehten Samenstände der Clematis sehen wie erstarrte Wirbel aus. Samen, Kapseln, Pilze und Schoten, die sich abblätternde Borke der Papier-Birke – die verborgene Statik der Natur wird sichtbar. Das Augenmerk fällt auf das Detail, Feinheiten treten in den Vordergrund. Im November wird der Garten zur Schule der Achtsamkeit.

Der besondere Tipp

Wird es draußen kahl, holt man sich die leuchtenden Farben ins Haus. Pflanzen Sie jetzt Amaryllis, schon in wenigen Wochen wird sie erblühen, die selbst gezogenen blühen zumeist viel länger als gekaufte und erfreuen oft noch mit einer Nachblüte. Die Zwiebel der langstieligen und in allen Farbschattierungen – von Weiß, über Zartrosa und Lachs bis Blutrot – blühenden Pflanze setzt man in einen Blumentopf. Er sollte tatsächlich nur wenig größer sein als die Zwiebel selbst. So hat sie mehr Halt und kann nicht faulen. Achten Sie darauf, dass ein Drittel der Zwiebel aus der Erde herausschaut, einmal kräftig angießen und dann erst wieder, wenn sie austreibt. Setzt das Wachstum ein, können Sie rings um die Zwiebel Moos andrücken und, wenn Sie mögen, vorweihnachtliche Dekoration auflegen. Eine Zimtstange, die zusätzlich für guten Duft sorgt, zwei, drei getrocknete Zitronen- oder Apfelsinenscheiben, zusammengehalten von einem goldenen Draht.

WAS VOM MONAT BLEIBT:

Die Hagebutte

Die Früchte, die die Königin der Blume, die Rose, uns im November schenkt, bergen solch kostbare Inhaltsstoffe, dass es sich lohnt, sie zu bewahren, noch dazu, wenn sie so gut schmecken wie in dieser Herbstmarmelade.

Sie brauchen: eineinhalb Kilo Hagebutten (die muss man auf einem schönen Spaziergang mit Lederhandschuhen ausgerüstet selbst pflücken), siebenhundertfünfzig Gramm Äpfel, zwei Gläser fruchtigen Rotwein, ein gutes Kilo Gelierzucker, vier bis fünf Schraubgläser.

Und so wird es gemacht: Die Hagebutten waschen, Stiele und Blättchen abschneiden, die Äpfel grob reiben, alles zusammen mit Wein und Zucker aufkochen. Eine halbe Stunde köcheln lassen, durch ein Sieb streichen und den Brei nochmals kurz aufkochen. Die Masse in die Gläser geben und sofort verschließen. Dieser fruchtige Brotaufstrich voller Vitamine wird Ihnen den Winter versüßen.

Zu viel Arbeit? Legen Sie sich einfach eine Quitte in den Wäscheschrank, der Duft der steinharten Frucht ist zart und frisch, eine Aromatherapie für Ihre Wäsche. Sie können die Quitten getrost einige Wochen liegen lassen. Außer Duft gibt sie nichts ab.

Die TIERWELT

Wenn die Krähen scharenweise über die Felder herfallen, Parkanlagen bevölkern, wie selbstverständlich an Wegrändern, in Gärten, unter den Bäumen und sogar in Fußgängerzonen geschäftig umherschreiten, dann wissen wir: Es ist November. Völlig angstfrei hüpfen die schwarzen Saatkrähen auf Papierkörbe, sortieren aus, was sie noch gebrauchen können, und rotten sich zu Gruppen zusammen. Spätestens wenn sie abends mit ohrenbetäubendem Lärm ihre »Schlafbäume« aufsuchen, wird uns etwas mulmig in ihrer Gegenwart. Die Saatkrähe ist das Wappentier des Novembers. Während sich andere Vögel schon lange auf den Weg gemacht haben, unseren unwirtlichen Winter zu fliehen, kommen die schwarzen Rabenvögel überhaupt erst zu Besuch. Für sie sind die hiesigen Regionen der Süden. Es zieht sie aus Nord- und Osteuropa zu uns, und nur einige kehren nicht zurück und bleiben als sogenannte »Standvögel«, um hier zu leben und zu brüten.

Im Volksglauben galten die pechschwarzen Rabenvögel als Unglücksbringer, und da sie in solch großen Schwärmen einfallen, wurden sie auch kräftig gejagt. Dabei fressen Krähen keineswegs allein die Saat, sondern auch sehr viele Schädlinge. In den Städten, wohin sie dem Menschen gefolgt sind, lässt sich ihr ausgeprägtes soziales Verhalten beobachten. Diese Vögel machen uns vor, was in der grauen Jahreszeit guttut: dicht zusammenrücken und nett zueinander sein. Mit rituellen Verbeugungen begrüßen sie ihre Partner, sie füttern sich gegenseitig, kraulen sich und nehmen auch Artverwandte in ihren Kreis auf, wie die grauen Nebelkrähen, die Dohlen und die Raben. Allesamt gehören sie zur Familie der Rabenvögel mit der Gattungsbezeichnung *Corvus*.

Die akrobatischen Flugkünste dieser Vögel bekommt man auf freiem Feld zu sehen: atemberaubende Sturzflüge, gefolgt von Luftpurzelbäumen, kunstvollen Kapriolen und langen Segelflügeln – sie spielen gern. Und auch als Wortakrobaten haben sie sich einen Namen gemacht: In Märchen und Mythen, aber auch in Filmen und in der Literatur begegnen sie dem Menschen seit alters her als Hüter der Schwelle zum Reich der Fantasie.

Wie viel anders muten die Eichhörnchen an, die es, was die Akrobatik angeht, durchaus mit den Rabenvögeln aufnehmen können. Auch sie sind den Menschen bis in die Städte gefolgt. Überall kann man beobachten, wie sie eifrig ihre Nahrung verstecken. Gelegentlich wundert man sich, wo die Walnüsse im Blumentopf herkommen. Die kleinen Kletterkünstler merken sich die Plätze nicht! Sie sind pure Optimisten, ihre Taktik ist, möglichst viele Depots anzulegen, mit Zuversicht und Glück wird man das Futter dann schon wiederfinden. Da sie so zur Verbreitung von Samen beitragen, werden sie auch die »Förster des Waldes« genannt.

Winterschlaf halten sie übrigens, wie oft vermutet wird, nicht. Eichhörnchen ruhen nur für ein paar Tage, wenn es ihnen zu kalt wird in ihrem »Kobel«, einem mit Moos und Gras gepolstertem Nest in den Baumkronen.

Von solch weichen Betten können die Amphibien nur träumen. Echse, Molche, Erd- und Kreuzkröten überwintern in frostfreien Höhlen, oft Bauten von Mäusen. Ihre Körpertemperatur sinkt stark ab, und sie fallen in Kältestarre. Auch Fische sind wechselwarm, sie suchen tiefere Regionen auf, ihr Blut kühlt herunter, sie werden träger, schwimmen langsamer. Erst im Frühjahr, mit ansteigenden Temperaturen, wird es wieder lebendiger in Seen und Teichen.

Der
NOVEMBER-
MENSCH

Keine Frage, wer in diesem Monat das Licht der Welt erblickt, der ist nachdenklich. War womöglich gar kein Licht da? Nur ein fahles Etwas, das das Leben schemenhaft, ja nebulös, erscheinen ließ? Da heißt es, den Dingen auf den Grund gehen und, wenn der Grund erreicht ist, noch ein wenig tiefer tauchen. November-Menschen wollen alles begreifen, mehr noch, sie wollen ergründen, dem Leben sein Geheimnis entlocken, und dies immer wieder neu. Doch das Leben gibt seine Geheimnisse nicht so leicht preis. Und darum müssen November-Menschen oft sehr viel auf sich nehmen, um sich zu entwickeln, um zu wachsen.

Die Energie, mit der das Leben sich jetzt verschließt, nach innen kehrt, zur Ruhe kommt, ist genauso groß wie die, mit der es wieder erwacht. Zwei mächtige Kräfte: Stirb und Werde. Es sind keine Antipoden, wie man gemeinhin denkt. Vielmehr bedingen sie einander, mehr noch: Die eine Kraft beinhaltet die andere. Dass jedes Ende einen Anfang birgt und jeder Anfang unweigerlich auf ein Ende zuläuft, das weiß der November-Mensch, das fühlt er, das ist sein Wesen. Ein geheimnisvolles Wesen, er hält sich gern bedeckt, denn mit solchen Weisheiten geht man nicht marktschreierisch um, und nicht jeder will sie hören. November-Kinder üben eine große Faszination auf ihre Mitmenschen aus. Aus unergründlichen Quellen schöpfen sie ihre Energie, die niemals zu versiegen scheint. Wie der Monat selbst, der, bis aufs Äußerste reduziert, ein immenses Potenzial birgt – dem Samenkorn gleich, aus dem ein Baum entstehen kann –, so entfesseln November-Geborene bisweilen ihre Kräfte. Ein wenig Angst einflößend, ein bisschen zu viel. Eine gehörige Portion Leidenschaft kann berauschend wirken, doch leider auch erschreckend. Die Kinder dieses Monats müssen lernen, ihre Emotionen zu bändigen, bei so viel

Todesnähe, die der November nun einmal birgt, wird die Liebe umso heftiger gelebt. Sie ist die dem Leben innewohnende Kraft, doch will auch sie kultiviert werden.

Aus Angst etwas Geliebtes und Geschätztes zu verlieren, reagieren November-Menschen bisweilen panisch. Man kann es verstehen, Wärme ist in kalten Zeiten überlebensnotwendig. Hingebungsvoll schüren die November-Geborenen deshalb das Feuer ihrer Liebe, ob zum Partner, zur Familie, zum Beruf oder zum Studium.

Haben sie die Struktur einer Beziehung oder einer Aufgabe erfasst, gewinnen sie Vertrauen und werden ruhiger. Insbesondere die am Ende des Monats Geborenen. Die ruhende Kraft des Winters ist sehr viel ausgeglichener als das aufwühlende Ende im Herbst. Nun weiß man, was kommt, die Adventszeit, es wird wieder hell. Der emotionale Aufruhr dieses Monats endet mit Akzeptanz. Diese Akzeptanz ist mit Weisheit gleichzusetzen, sie ist das Ziel der November-Menschen. Lang und intensiv suchen sie deshalb nach den Antworten im Leben, wenn sie anfangen, die Fragen zu leben, haben sie es geschafft.

Worauf er achtgeben sollte

Bei dem hohen Potenzial, das dem November-Menschen zu eigen ist, neigt er dazu, sich zu überfordern. Ruhe müssen sich die Kinder dieses Monats deshalb zwangsverordnen. Und da das Leben nicht ein einziger November ist, heißt es: nicht den Humor verlieren. Bei allem Grübeln geschieht dies den November-Geborenen allzu leicht. Dagegen hilft, sich mit vielen schönen Dingen selbst zu verwöhnen, die Hingabe an andere einfach mal sich selbst zukommen zu lassen. November-Menschen müssen lernen, gut zu sich zu sein, so gelingt es ihnen auch, ihre Leidenschaft zu kanalisieren. Sie holen sie aus der Tiefe.

Auch körperlich gesehen sollten sie auf ihre tiefen Regionen, die Geschlechtsorgane, Darm und Blase achten: Wärme und Schutz sei ihnen empfohlen. Genau das, was einen stürmischen Herbsttag gemütlich macht.

Alles, was

GUTTUT

Es gibt Monate im Jahr, in denen ist Hingabe, Loslassen und Selbstvergessenheit gefragt. Im November aber geht es um Bewusstheit. Nehmen Sie sich Zeit für diesen Monat, lassen Sie die nachdenkliche Stimmung zu, sie wird Ihnen in jeder Hinsicht zugutekommen. Dabei hilft es, das Wesen des Novembers zu kennen, seine Hintergründe. Zu wissen, dass er über lange Zeit hinweg, so bei den Germanen, als Jahresanfang galt. Auch das landwirtschaftliche Jahr beginnt jetzt!

Zu wissen, dass mit dem Ende etwas anfängt, macht das Leben rund und hilft, die eigene Geschichte zu verstehen. Schreiben Sie Tagebuch, suchen Sie nach Motiven in Ihrem Leben, erzählen Sie Geschichten und lassen Sie dabei Ihrer Vorstellungskraft freien Lauf. Oft birgt das Erfundene die Wahrheit oder zumindest neue Erkenntnisse. Tun Sie das, was man einst in den Spinnstuben tat:

Spinnen Sie! Suchen Sie den roten (Erzähl-)Faden Ihres Lebens. Nicht umsonst hat der November so viele Schriftsteller hervorgebracht. Entdecken Sie Ihren eigenen Erzählkosmos, er ist viel größer, als Sie denken.

Gehen Sie Ihrem Wissensdrang nach, auch wenn das, was Sie wirklich interessiert, noch so abwegig erscheint. Die Paarungsrituale von Tiefseefischen? Die Berechnung der Anziehungskraft von schwarzen Löchern im All? Sie wollen Finnisch lernen? Tun Sie es. Sich Wissen anzueignen bedeutet inneres Wachstum zu vollziehen, es ist genau das, was auch der Monat macht. Es geschieht im Verborgenen und wird irgendwann irgendjemandem von Nutzen sein.

In den Spinnstuben war Geselligkeit genauso wichtig wie der Austausch von Geschichten und Neuigkeiten. Und der Genuss. Der Herbst hält so viele Köstlichkeiten bereit, und es macht Spaß, sie zu sammeln: Pilze, Nüsse, das letzte Obst von den

Bäumen oder Streuobstwiesen. Nahrung sättigt nicht nur, sie wärmt.

Geben Sie Ihrem Körper Wärme: Jetzt sollte man mit Saunabesuchen beginnen. Sie stimulieren Herz und Kreislauf und stärken das Immunsystem. Verbunden mit Schwimmen oder einer gelegentlichen Massage wappnen sie auf angenehme Weise für die kalte Jahreszeit. Auch Aromabäder stimulieren den Kreislauf und beugen Erkältungskrankheiten vor.

Wichtig ist, genügend Flüssigkeit zu sich zu nehmen. Beim Wechsel von Kalt- auf Heißgetränke trinkt man oft unbemerkt weniger. Doch die kalte Jahreszeit und die im Gegensatz dazu trockene Heizungsluft sind eine Belastung für Haut und Schleimhäute. Hat der Körper genügend Feuchtigkeit, reduziert sich die Gefahr von Erkältungskrankheiten. Traubensaft erhält noch ein wenig die Herbststimmung aufrecht, Zitrone gibt das nötige Vitamin C, und ein Gläschen Wein lässt einen selbst den Volkstrauertag überstehen ... vielleicht sogar erkennen, wie wichtig Trauer und Gedenken sind? Versperren Sie sich nicht diesen Themen, sie sind Teil, nicht Gegenteil des Lebens. Und genau deshalb machen sie reich.

Die Weisheit des

FERNEN OSTENS

Ebenso wie die Natur im November sollte auch der Mensch jetzt Ruhe und Stille einkehren lassen. Nach den chinesischen Weisheitslehren geht es im Spätherbst nicht länger um die Aktivitäten, sondern um das Betrachten des Erreichten. Mit leichter Distanz schaut man sich an. Der November ist der Monat der Meditation, der Bewusstheit, die körperlich entwickelt und empfunden wird.

Nicht alle Menschen mögen und wollen meditieren. Mit einer Yoga-Übung lässt sich Konzentration und Gleichgewicht ebenfalls erreichen: die Wechselatmung. Mit ihrer Hilfe stellt sich schnell ein Gefühl von Ruhe und Kraft ein, zudem wirkt sie vorbeugend gegen Erkältungen und Nebenhöhlenentzündungen. Setzen Sie sich bequem, aber aufrecht auf einen Stuhl oder in den Schneidersitz. Nehmen Sie einige tiefe Atemzüge. Dann verschließen Sie mit dem Daumen der rechten Hand das rechte Nasen-

loch und atmen langsam durch das linke Nasenloch ein, halten Sie kurz den Atem an. Nun lösen Sie den Daumen und wechseln: Sie schließen mit dem Ringfinger das linke Nasenloch und atmen durch das rechte aus. Zeige- und Mittelfinger biegt man nach innen. Atmen Sie durch das rechte Nasenloch wieder ein und wechseln: Der Daumen schließt den rechten Nasenflügel, der Ringfinger öffnet den linken, Sie atmen links langsam aus. Links einatmen, rechts ausatmen.

Die Wechselatmung ist eine tiefe Reinigungsübung, sie beruhigt nicht nur den Atem, sondern auch den Geist. Schon zwei bis drei Minuten am Morgen genügen, um sich gut auf den Novembertag einzustimmen.

Die schönen

SEITEN

Weil uns der November hart hernimmt, soll man sich in diesem Monat Gutes tun, denn nur ein entspannter Mensch kann schön sein, und dafür ist Wärme wichtig. Dabei ist die sanfte Wirkung eines Dampfbades den stärker stimulierenden Effekten eines Saunagangs unter Umständen vorzuziehen. Bei einer Temperatur von fünfunddreißig bis fünfundfünfzig Grad Celsius und einer Luftfeuchtigkeit von nahezu einhundert Prozent wirken Dampfbäder entkrampfend und regenerierend, zudem reinigen sie und pflegen in einem. Besonders wohltuend wirken sie auf Schleimhaut und Atemwege, mit Zusätzen von Eukalyptus kann man den Effekt noch verstärken. Dass der Stoffwechsel angeregt wird, lässt sich insbesondere im Gesicht, an Hals und Dekolleté ablesen. Nach einem Dampfbad soll man ruhen, eine ideale Zeit, um die noch feuchte Haut, die nun besonders aufnahmebereit ist, mit einem guten Öl zu verwöhnen. Verwenden Sie Sesamöl, es ist das Universalgenie unter den Ölen. Es strafft, glättet, beruhigt und hinterlässt einen sanften Schimmer auf der Haut. Damit Sesamöl länger haltbar bleibt, können Sie es selbst »medizinieren«. Erhitzen Sie das Öl (aus Bio- oder Asialäden) kurz auf einhundert Grad, lassen Sie es abkühlen und füllen Sie es in dunkle Flaschen. Vor jedem weiteren Gebrauch sollte man es stets vorsichtig auf Körpertemperatur erwärmen. So nutzt man es auch in der indischen Ayurveda-Anwendung. Bei einem Gang ins Dampfbad nehmen Sie Ihr kleines Fläschen zu diesem Zweck gleich mit. Ölen Sie nach dem Duschen den Körper gut ein, erst zum Schluss sind die Füße dran. Massieren Sie sie gut durch: Wollsocken drüber und dann auf die Ruheliege. Die Wirkung ist phänomenal, Sie werden auf angenehmste Weise wohlig warm und müde. Zudem trinkt die noch feuchte Haut das Öl regelrecht.

Für die Gesichtspflege im November eignet sich besonders Mandelöl. Es ist reich an Vitaminen und Proteinen, nährt also die Haut besonders gut.

Haben Sie sich spröde, rissige Hände bei der Gartenarbeit geholt? Reinigen Sie sie mit einem Brei aus einem Esslöffel Olivenöl, vermengt mit einem Esslöffel Zucker. Die Hände gründlich einmassieren, anschließend mit lauwarmem Wasser abspülen. Danach tragen Sie das pürierte Fruchtfleisch einer Papaya auf und lassen es eine Viertelstunde einwirken. Ein guter Schutz gegen Kälte und Trockenheit. Auch Altersflecken werden mit dieser Maske abgemildert. Hände erzählen viel vom Leben und vom Wesen eines Menschen, sie sind Ausdruck ungeschminkter Schönheit. Wir sollten unsere Hände wertschätzen, sie sind unsere Visitenkarte.

FESTE *und* BRAUCHTUM

Der November ist der Monat des Totengedenkens. Das war nicht immer so. Lange Zeit wurde der Beginn des neuen, des landwirtschaftlichen Jahres gefeiert. Was nahelag, denn zum Feiern war auch genügend da, November und Dezember sind seit jeher die traditionellen Schlachtmonate.

Erst in den letzten ein- bis zweihundert Jahren hat man sich auf den Aspekt des Sterbens in der Natur konzentriert. So gilt die Woche vom 30. Oktober bis 8. November als »Seelenwoche«. Es folgen Totengedenktage, die noch Anfang des vorigen Jahrhunderts über das ganze Jahr verteilt lagen. Schließlich endet der November mit dem ersten Adventssonntag. Und mit ihm beginnt wiederum das Kirchenjahr.

1. November
Allerheiligen

Eine Art Familienfest der katholischen Kirche, das Papst Gregor IV. im neunten Jahrhundert der gesamten Christenheit vorgeschrieben hat. Im Gedenken an alle Heiligen und Märtyrer soll der Mensch Zuversicht finden und auf die eigene Erlösung hoffen. Heute widmet man sich vor allem der Grabpflege und der Vorbereitung auf Allerseelen.

2. November
Allerseelen

An diesem Tag erinnert man sich nicht nur an die Heiligen, sondern an alle Verstorbenen. Familien kommen zusammen und besuchen die Gräber ihrer Angehörigen. Als Symbol für das ewige Licht stellt man Kerzen auf die Gräber, Blumen oder zumindest ein immergrüner Zweig symbolisieren das ewige Leben. In Süddeutschland wird der Allerheiligen- oder Allerseelenstriezel gebacken, den sich die Kinder bei ihren Paten abholen. Es gibt verschiedene Gebäcke wie Seelenbrot oder Seelenzopf, das mit der Familie geteilt wird. Früher stellte man sogar den Verstorbenen einen Teller und einen Becher an ihren alten Platz.

Dem Volksglauben nach war Vorsicht geboten an diesem Tag, da die Toten und Seelen umherwanderten. Wer sich nachts auf den Friedhof verlief, konnte mitgerissen werden ins Totenreich.

3. November
Hubertustag

Der heilige Hubertus von Lüttich ist Schutzpatron der Jäger, Förster und Schlachter. Er soll einst Oberhofmeister gewesen sein, doch als ihm der Legende nach auf der Jagd ein weißer Hirsch mit einem goldenen Kreuz im Geweih begegnete, hat

er sich zum Priester weihen lassen. An diesem Tag finden Hubertusjagden, -märkte und -messen statt. Für Jäger wird ein eigener Gottesdienst gefeiert, zu dem sie sogar ihre Hunde und abgerichteten Greifvögel mitbringen dürfen.

11. November
Martinstag

Ein Fest für die Kinder. Mit Laternenumzügen, Martinsfeuer und Gesang wird an den Heiligen gedacht, der seinen Mantel mit einem Schwert teilte, um eine Hälfte einem armen, frierenden Bettler zu geben. Der heilige Martin lebte im vierten Jahrhundert, er ist Schutzpatron der Bettler, Soldaten, Winzer und – ja, auch der Trinker.

Das Brauchtum ist vielfältig. Früher war an diesem Tag der Pachtzins fällig, man legte den Preis für den neuen Wein fest und schlachtete Gänse, um Fett und Daunen für den Winter zu bekommen. Diese Tradition lässt sich weit zurückverfolgen. Symbolisch wurde mit der Gans der Sommer geschlachtet, noch heute kennt man den »Glücksknochen«: Man versucht zu zweit, den V-förmigen Brustknochen der Gans zu zerbrechen, wer das längere Stück in Händen hält, dem geht ein Wunsch in Erfüllung. Nach den Umzügen, bekommen Kinder das »Martinsbrot«, das »Märtesküchle« oder den »Weckmann«. In den Stall gehört eine »Martinsgerte« mit Wacholderzweigen, den Garanten für Fruchtbarkeit.

In protestantischen Gegenden wurde aus dem Martinstag das Martinsfest. Man feiert am 10. November, dem Geburtstag Martin Luthers.

11.11., 11 Uhr 11

Die zum Teil recht ausgelassenen Feiern um Sankt Martin passen gut zur Eröffnung der Karnevalssaison, und das machten sich die »Gründungsväter« des organisierten, bürgerlichen Karnevals im neunzehnten Jahrhundert zunutze. Mit der feierlichen Eröffnung der närrischen Saison beginnt die fünfte Jahreszeit.

25. November

Tag der heiligen Katharina

Sie ist eine der vierzehn Nothelfer und gilt als Patronin der Philosophen. Die Königstochter wurde ihres Glaubens wegen misshandelt, ihr Leichnam wurde auf dem Berg Sinai der Legende nach von Engeln bestattet. An diesem Tag beginnt traditionell das weihnachtliche Plätzchenbacken.

30. November

Tag des heiligen Andreas

Andreas war der ältere Bruder von Petrus, er starb als Prediger den Märtyrertod. Sein Gedenktag markiert das Ende des Kirchenjahres, wobei sich dessen Ende und Anfang, der erste Adventssonntag, überschneiden.

Volkstrauertag

Der vorletzte Sonntag im November gilt seit 1925 der Erinnerung an die Sinnlosigkeit von Krieg und Gewalt.

Totensonntag oder Ewigkeitssonntag

Es ist der letzte Sonntag im Kirchenjahr, der Sonntag vor dem ersten Advent. Die Protestanten ersetzten mit ihm das Allerseelenfest. Er dient dem ehrenden Andenken aller Toten.

Und so hat der November

GESCHICHTE

gemacht

Es herrschte ein unglaublicher Freudentaumel am Brandenburger Tor. In der Nacht von Donnerstag, den 9. November 1989, auf Freitag, den 10., fiel nach 28 Jahren die Berliner Mauer. Eine vorzeitig verlesene Meldung zum neuen Ausreisegesetz war der Anlass. Tausende strömten infolgedessen an die Grenze, um die Chance zu nutzen, doch die Grenzsoldaten wussten von nichts. Als die Lage immer bedrohlicher wurde, entschieden sich einzelne, mutige Kommandanten vor Ort mit der Meldung »Wir fluten jetzt!«, die Grenzen zu öffnen.

Den schrecklichen Zerstörungen in der Pogromnacht im Jahr 1938 hat die Geschichte am selben Tag die konstruktive Kraft des Menschen entgegengesetzt.

Hier nun weitere markante Ereignisse aus den letzten hundert Jahren November-Geschichte:

2. November 1920

Die Geburtsstunde des Radios, in Philadelphia startete das erste regelmäßig gesendete Programm.

3. November 1957

Als erste Lebewesen im All machte die Hündin Laika Geschichte, sie war an Bord der sowjetischen Raumkapsel »Sputnik 2«.

4. November 2008

Mit dem Wahlsieg des Demokraten Barack Obama wird erstmals ein Afroamerikaner Präsident der USA.

7. November 1917

Nach russischer Zeitrechung war es Oktober, als Lenin nach einem Putsch der Bolschewisten die Macht übernahm. Russland war über Nacht kommunistisch geworden.

11. November 1918

Mit der Kapitulation des Deutschen Reiches endete der Erste Weltkrieg.

20. November 1945

Das Strafverfahren gegen die Hauptkriegsverbrecher des Naziregimes begann in Nürnberg.

22. November 1963

Der US-amerikanische Präsident John F. Kennedy fällt nach einer Wahlkampfveranstaltung in Dallas einem Attentat zum Opfer. Bis heute sind die Umstände nicht völlig geklärt.

24. November 1989

Nach anhaltenden Protesten siegte in Prag die »sanfte Revolution«. Die Führung der Kommunistischen Partei trat zurück, in der Folge wurde der Dramatiker Václav Havel zum Staatsoberhaupt gewählt.

GEBURTSTAGS-KINDER

1. November 1921

Ilse Aichinger, in Wien,
Schriftstellerin

2. November 1944

Patrice Chérau, in Lézigné,
Regisseur

3. November 1913

Marika Rökk, in Kairo,
deutsche Schauspielerin ungarischer Herkunft

4. November 1890

Klabund, eigentlich Alfred Henschke,
in Crossen/Oder,
Schriftsteller

5. November 1923

Rudolf Augstein, in Hannover,
Publizist und SPIEGEL-Herausgeber

6. November 1880

Robert Musil, in Klagenfurt,
Schriftsteller

7. November 1913

Albert Camus, in Mondovi/Algerien,
französischer Philosoph und Schriftsteller

8. November 1935

Alain Delon, in Sceaux bei Paris,
Schauspieler

9. November 1873

Fritz Thyssen, in Mülheim an der Ruhr,
Industrieller

10. November 1887

Arnold Zweig, in Glogau,
Schriftsteller

11. November 1929

Hans Magnus Enzensberger, in Kaufbeuren,
Schriftsteller

12. November 1929

Grace Kelly, in Philadelphia,
Schauspielerin und Fürstin von Monaco

13. November 1933

Peter Härtling, in Chemnitz,
Schriftsteller

14. November 1907

Astrid Lindgren, in Näs,
Kinderbuchautorin

15. November 1942

Daniel Barenboim, in Buenos Aires,
israelischer Dirigent und Pianist

16. November 1936

Antonio Gades, in Elda,
Tänzer und Choreograf

17. November 1942

Martin Scorsese, in Flushing/Long Island,
Filmregisseur

18. November 1939

Margaret Atwood, in Ottawa,
Schriftstellerin

19. November 1917

Indira Gandhi, in Allahabad,
ehemalige Premierministerin von Indien

20. November 1923

Nadine Gordimer, in Springs/Transvaal,
Schriftstellerin und Nobelpreisträgerin

21. November 1898

René Magritte, in Lessines,
Maler

22. November 1967

Boris Becker, in Leimen,
Tennisspieler

23. November 1920

Paul Celan, in Czernowitz,
Dichter

24. November 1864

Henri de Toulouse-Lautrec, in Albi,
Maler

25. November 1912

Francis Durbridge, in Hull,
Krimiautor

26. November 1939

Tina Turner, in Nutbush,
Rocksängerin

27. November 1942

Jimi Hendrix, in Seattle,
Rockmusiker

28. November 1931

Tomi Ungerer, in Straßburg,
Zeichner und Karikaturist

29. November 1947

Petra Kelly, in Günzburg,
Politikerin und Umweltaktivistin

30. November 1947

David Mamet, in Chicago,
Dramatiker

Winterschlaf

Indem man sich nunmehr zum Winter wendet,
Hat es der Dichter schwer,
Der Sommer ist geendet,
Und eine Blume wächst nicht mehr.

Was soll man da besingen?
Die meisten Requisiten sind vereist.
Man muss schon in die eigene Seele dringen
– Jedoch, da hapert's meist.

Man sitzt besorgt auf seinem Hintern.
Man sinnt und sitzt sich seine Hose durch,
– Da hilft das eben nichts,
da muss man eben überwintern
Wie Frosch und Lurch.

Klabund

Die Autorin

Liane Dirks brachte bisher sechs Romane, einundzwanzig Herausgaben und zwei Töchter zur Welt. Sie erhielt zahlreiche Stipendien und Preise, lehrte an Universitäten in den USA, in Hildesheim und Düsseldorf, hatte einen festen Rundfunksendeplatz, konzipierte Ausstellungen und Vortragsreihen und brach auch immer wieder reisend aus allem aus, entweder in die weite Welt oder in den eigenen Garten. Zuletzt erschien: *Sich ins Leben schreiben – Der Weg zur Selbstentfaltung* (2015).

www.liane-dirks.de

QUELLENVERZEICHNIS

Christian Morgenstern: *Gesammelte Werke in einem Band*, München 1965.
Klabund: *Gesammelte Gedichte*, Wien 1930.

ISBN 978-3-99056-039-6

Dessin: William Morris
Gesamtgestaltung und Satz:
Christina Krutz, Biebesheim am Rhein
Druck und Bindung:
Kösel, Altusried-Krugzell

www.sanssouci-verlag.com